Silvane Hamill

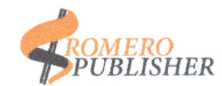

Título/ Title: 2020
Autora/Author: Silvane Hamill
Capa/Cover: Artwork Bob Hamill (in memoriam)
Artes/Arts: Artwork Diana West & Saíra Kleinhans
Assistente Editorial /Assistant: Harumi Shimizu Ramos
Designer: Eduardo de Almeida
Produção/Producer: SHAMILL Modern Art
Supervisão Editorial / Supervision: Silvane Hamill
Sromero Publisher – www.sromeropublisher.com
E-mail: sromero.publisher@gmail.com

H217d	Hamill, Silvane
	Dois mil e vinte - 2020
	1ed.2021, Porto Alegre, RS
	1-Arte 2- Poesia
	2020
	1.Art 2-Poem
	USA
	CDD B869.1
	CDU 82.9

Copyright © 2021 Sromero Publisher Todos os direitos reservados. Os personagens e eventos retratados neste livro são fictícios. Qualquer semelhança com pessoas reais vivas ou mortas é mera coincidência e não é pretendida pelo autor. Nenhuma parte deste livro pode ser reproduzida ou armazenada em um sistema de recuperação ou transmitida de qualquer forma ou por qualquer meio, eletrônico, mecânico, fotocópia, gravação ou outro, sem a permissão expressa por escrito do editor.

Publisher Copyright © 2021 Sromero Publisher. All rights reserved. The characters and events portrayed in this book are fictitious. Any similarity to real person, living or dead, is coincidental and not intended by the author. No part of this book may be reproduced, or photocopying or otherwise, without express written permission of the publisher.

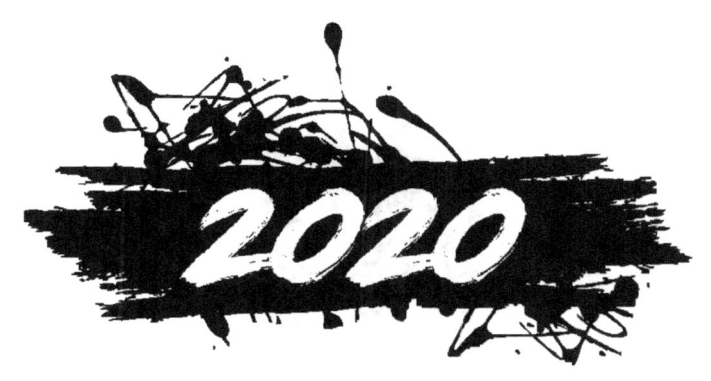

Silvane Hamill

Diana West

Saíra Kleinhans

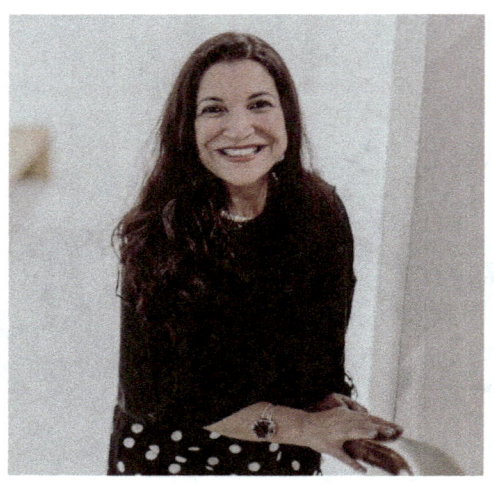

Silvane Hamill is poet of words and colors. She is a visual and multimedia artist; her work goes through an abstract conception focused on colors that expresses her personal perception of nature elements.

In her collection, vibrating paintings with diverse visual stimuli and mixed techniques result in a non-uniform work with a transformation message of joy, which is taken to a peculiar and vivacious style. Thus, manifesting an exploration of free expression through the intense colors of the world.

Graduated in Business Administration and History, she dedicated to do research and study of visual arts, as well as developing cultural projects involving art and literature. She is member 032 in International Academy Brazilian Literature.

Silvane Hamill é uma poeta das palavras e das cores. Artista visual e multimídia, graduada em Administração de Empresas e História, dedica-se ao estudo das artes visuais, realizando e promovendo projetos de arte e literatura. É membro 031 da AILB – Academia Internacional de Literatura Brasileira.

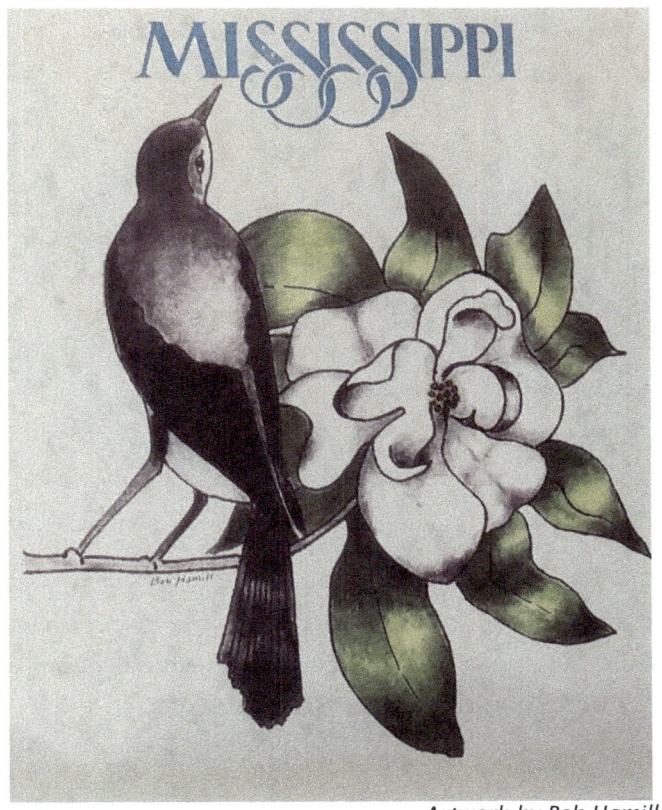

Artwork by Bob Hamill

Em honra a Bob Hamill, meu sogro, que estará para sempre em meu coração.

My special tribute to Bob Hamill my father-in-law forever in my heart.

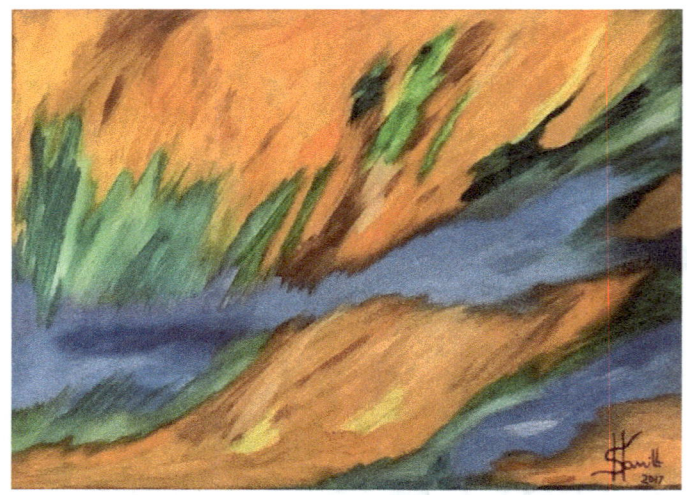

Fall - Oil in canvas by Silvane Hamill

O sucesso de minha carreira artística e literária foi possível através do apoio incondicional do meu marido, meu amor **Gregory Hamill**. Todo o meu trabalho e inspiração eu dedico a ele.

The success of my literary and artistic career was only made possible because unconditional support of my husband my love ***Gregory Hamill***. *All my work is dedicated to him.*

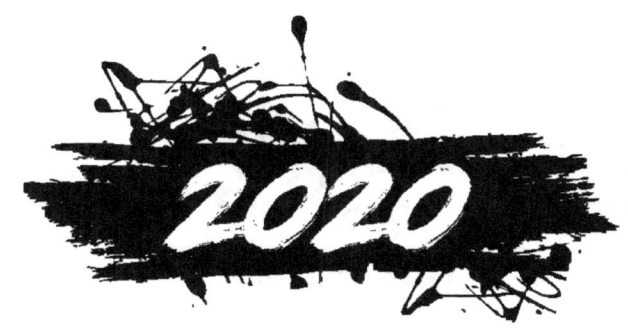

I Parte – Português com obras de arte de Diana West.
II Parte – Inglês com obras de arte de Saíra Kleinhans.

I Part – *Portuguese with artwork by Diana West.*
II Part – *English with artwork by Saíra Kleinhans.*

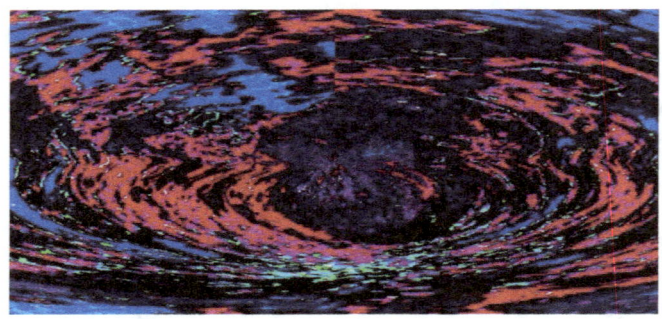

My brain - Digital Artwork by Silvane Hamill

Empresto-te meus sapatos para que possas caminhar pelos caminhos que trilhei;
Dou-te minha parcela extra de alegria para rir comigo das piadas que não contei...

Compartilho meus sonhos, para que possam ser vividos também pelos sonhos teus.

Assim, convido-te a vires comigo nessa jornada para colorir os caminhos por onde passarei.

Aceito teu convite. Se não te importar;
Pintarei com aquarela por onde tu andar...

Como estás descalça, pise devagarinho, e nas pinceladas coloridas vamos descobrindo o caminho.

Caminho alegre e cheio de cores: pensamentos, poesias e pintores.

Nesse caminho, tu vais falando e eu colorindo.

Desculpa-me se eu pingar um pouquinho de preto, porque no caminhar nem tudo é perfeito, assim como na arte também
não é.
Conta-me tua piada, quero sorrir e viver mulher.

Silvane Hamill & Diana West

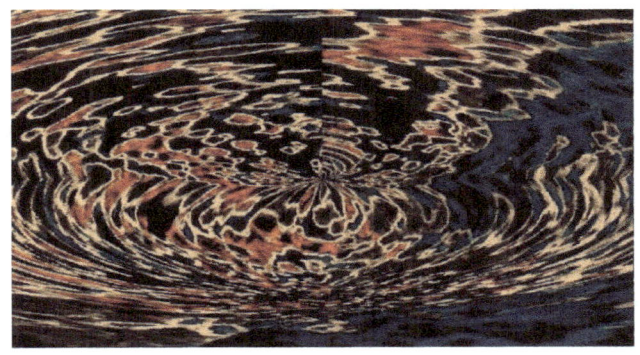

Imaginarium -Digital Artwork by Silvane Hamill

I lend you my shoes so that you can walk the path I have taken.

I give you my extra share of joy to laugh with me at jokes I didn't tell...

I share my dreams so that your dreams can also live them.

I invite you to come with me on this journey, to color the paths I will cross.

*I'll paint with watercolor wherever you walk,
and in the colorful brushstrokes, we discover the way.*

A journey full of color, with thoughts of poetry and painters.

*On this path, you talk as I color.
Tell me your joke; I want to smile and live.*

Silvane Hamill & Diana West

Parte I / *Part I*

Silvane Hamill & Diana West

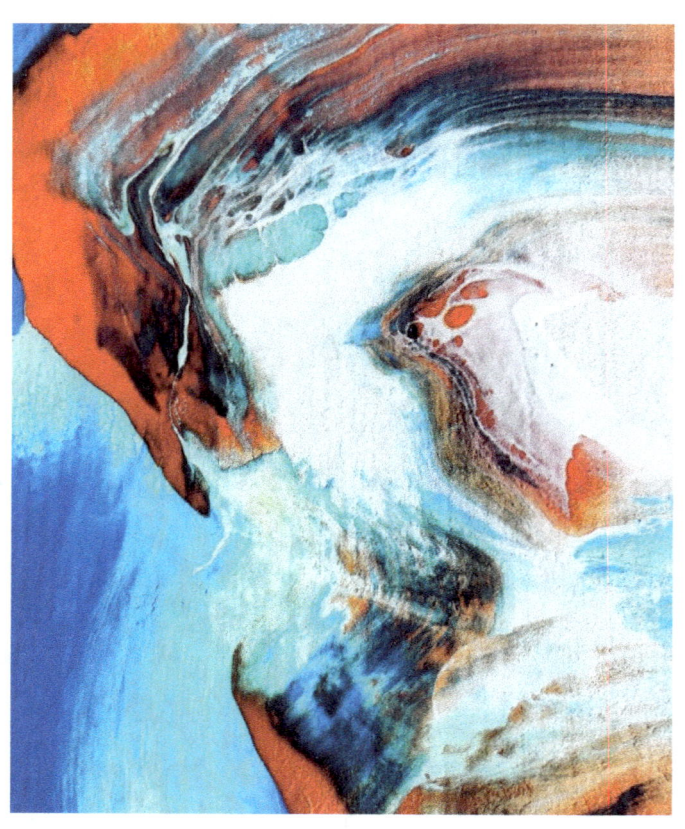

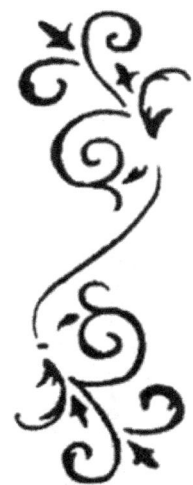

Entre a dor e o despertar,
encontra-se o sopro da existência.

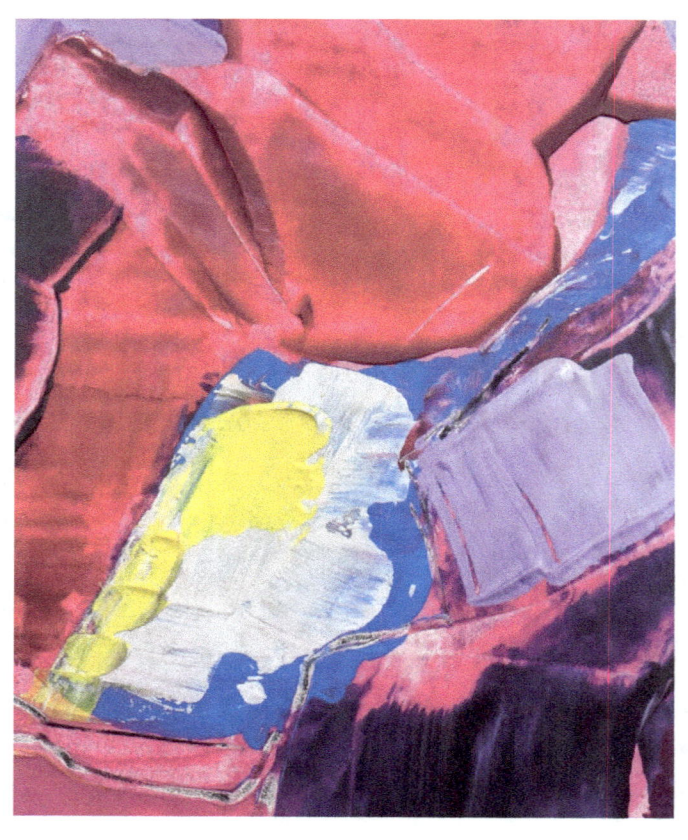

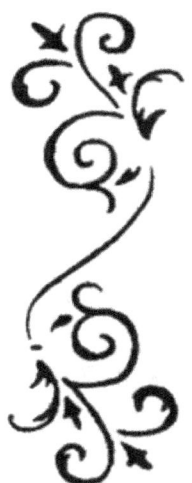

Precisamos crescer emocionalmente para assumirmos a responsabilidade por nossa felicidade.

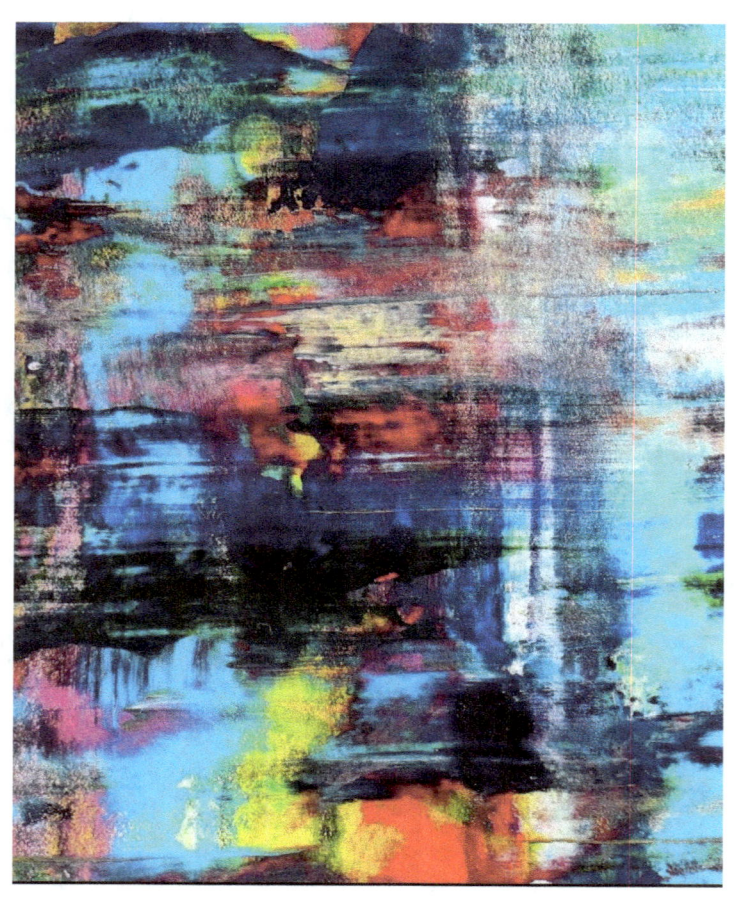

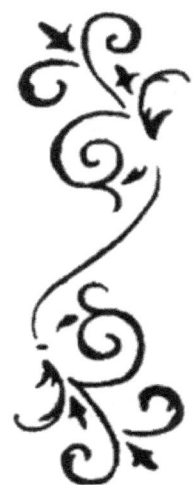

A coragem sempre se revela
diante dos medos sem precedentes.

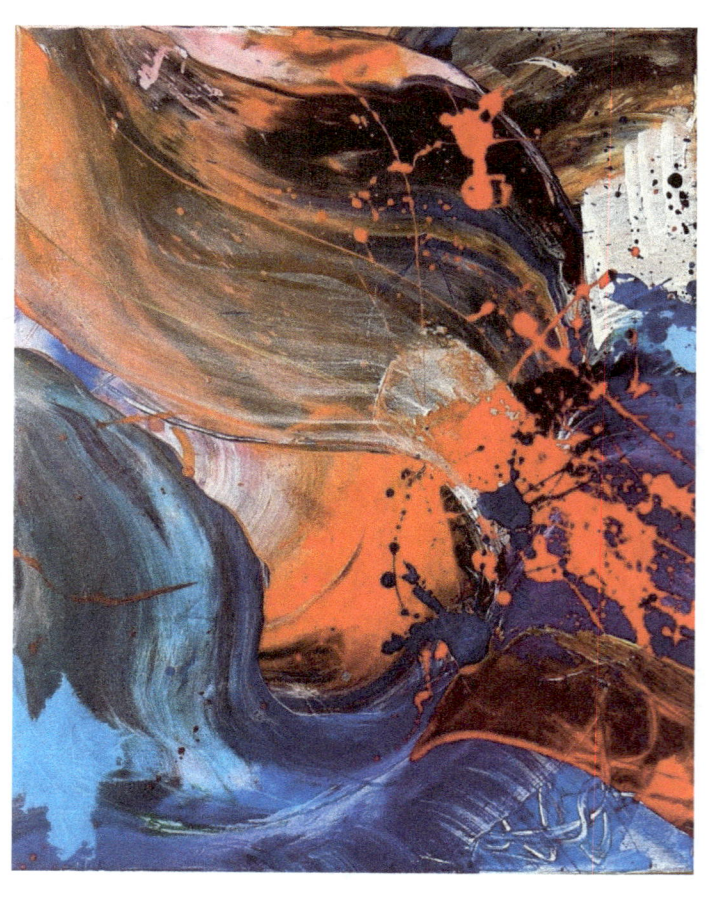

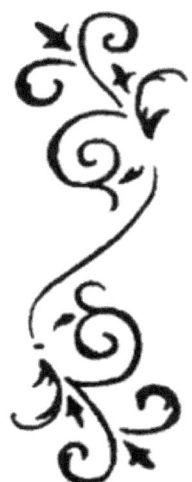

Quando procurar alguém, que seja com a intenção de oferecer algo e não apenas para pedir ou exigir.

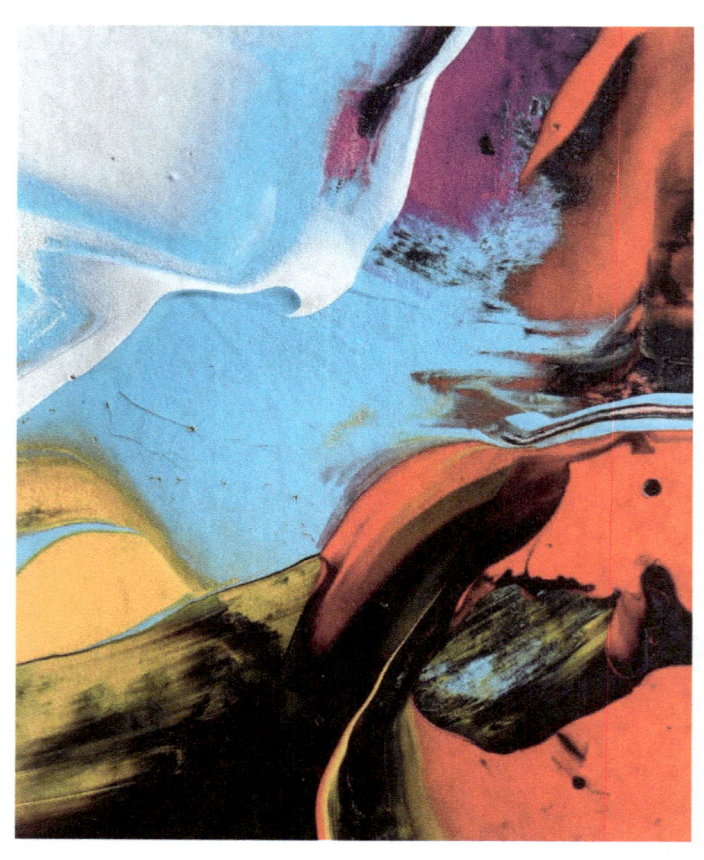

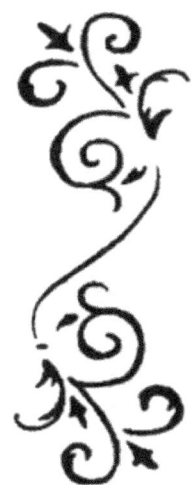

Alguns se fazem presentes apenas para buscar satisfazer as suas necessidades, e não para prestigiar a presença do outro.

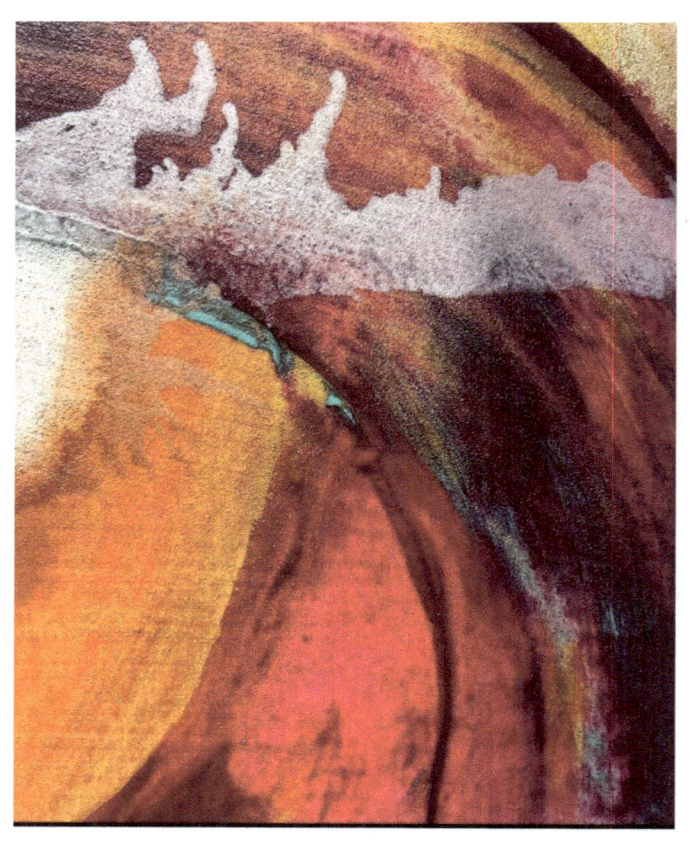

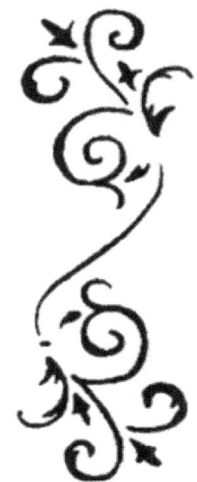

Conectar o sentir, o pensar e o agir.

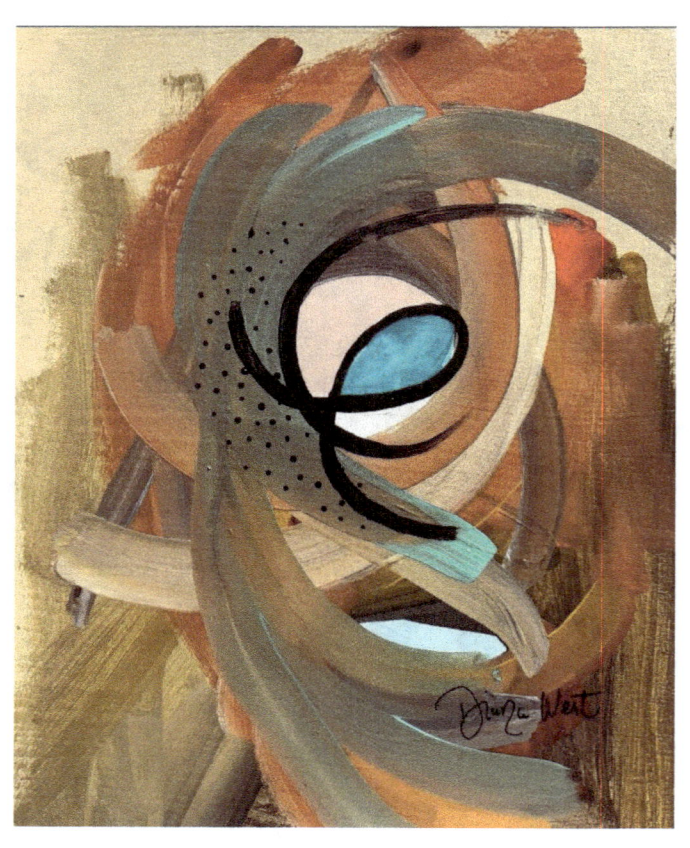

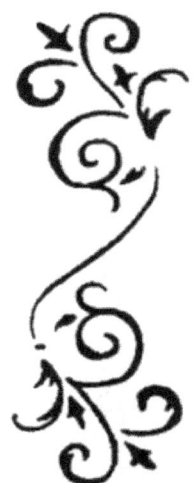

O êxito nem sempre consiste em obter o que desejamos, mas sim aceitar o que merecemos.

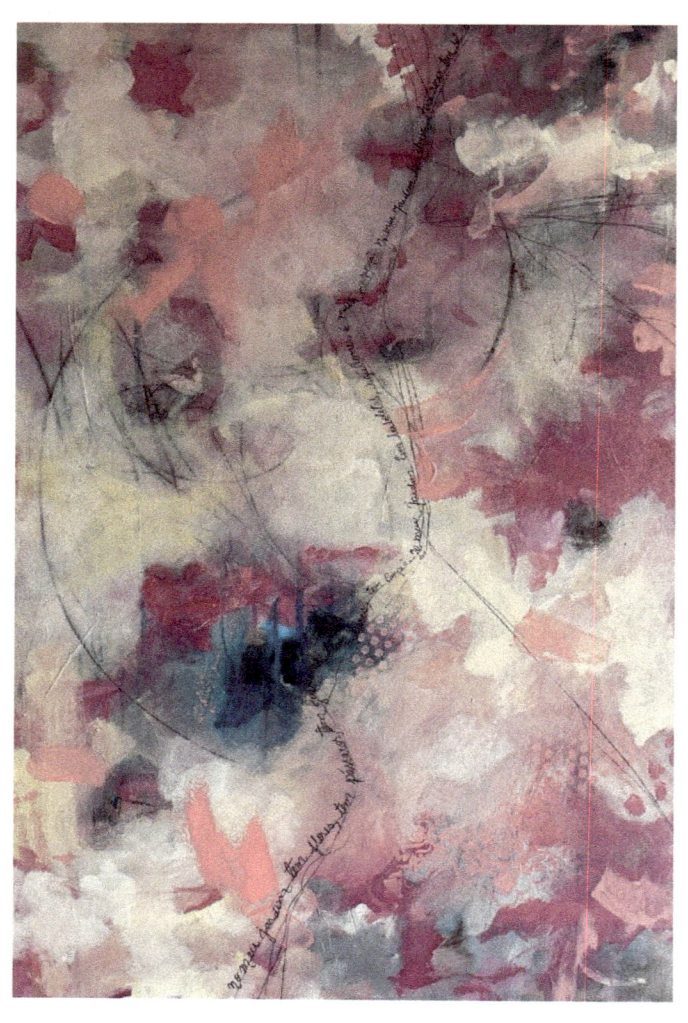

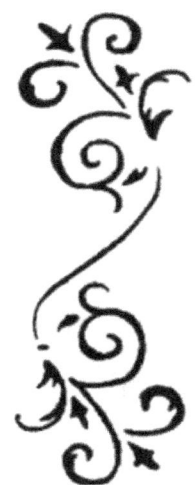

Cultuando o bem viver se entende que o céu é nosso único limite.

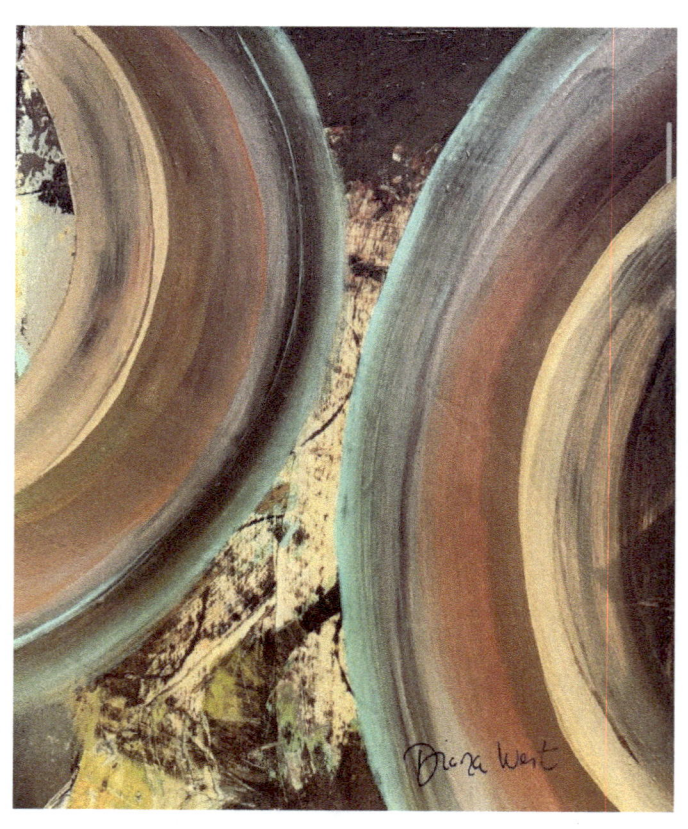

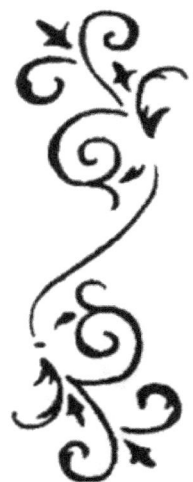

Ninguém é responsável pela felicidade de alguém que não esteja apto a ser feliz.

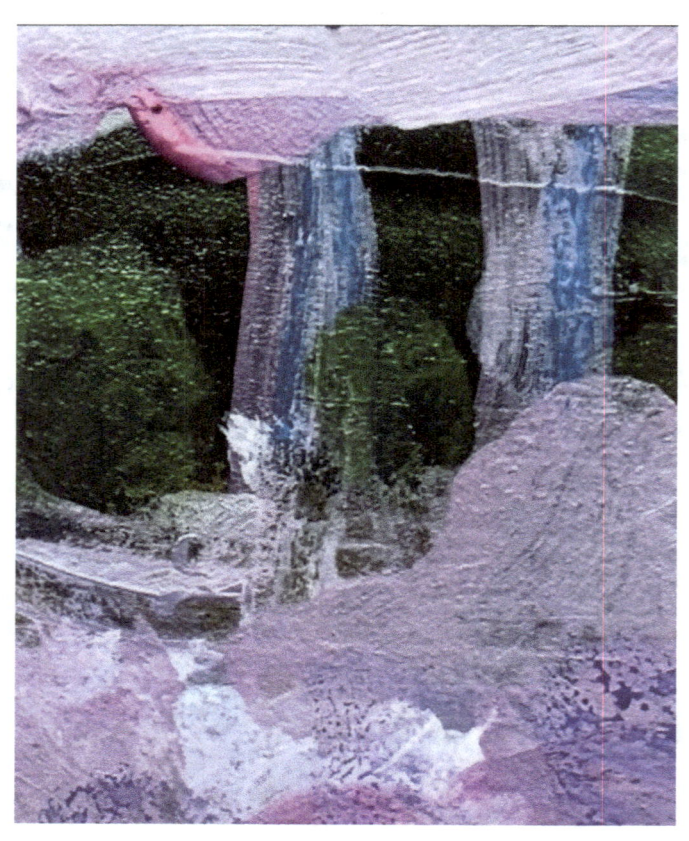

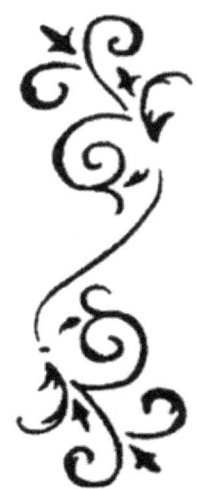

Fazer o seu melhor não é uma obrigação, é uma decisão pessoal.
Se você quer o melhor, deve oferecer o seu melhor.

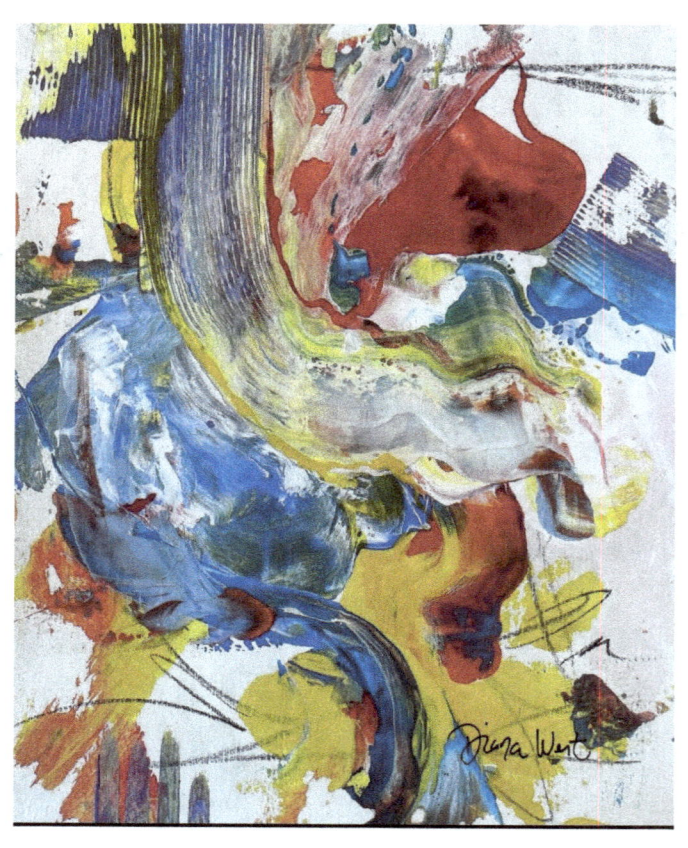

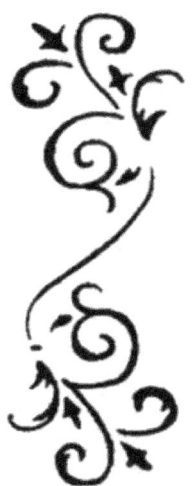

O melhor e o pior de cada um vêm do coração e são refletidos em suas ações.

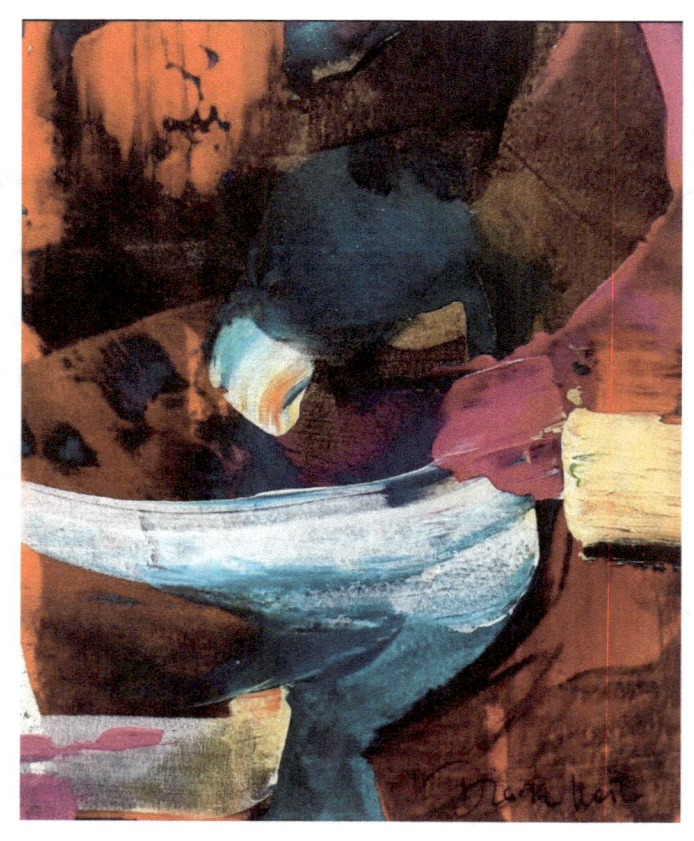

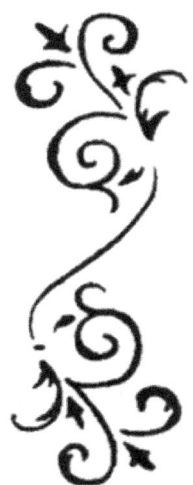

A presença do medo é uma oportunidade de encará-lo com coragem.

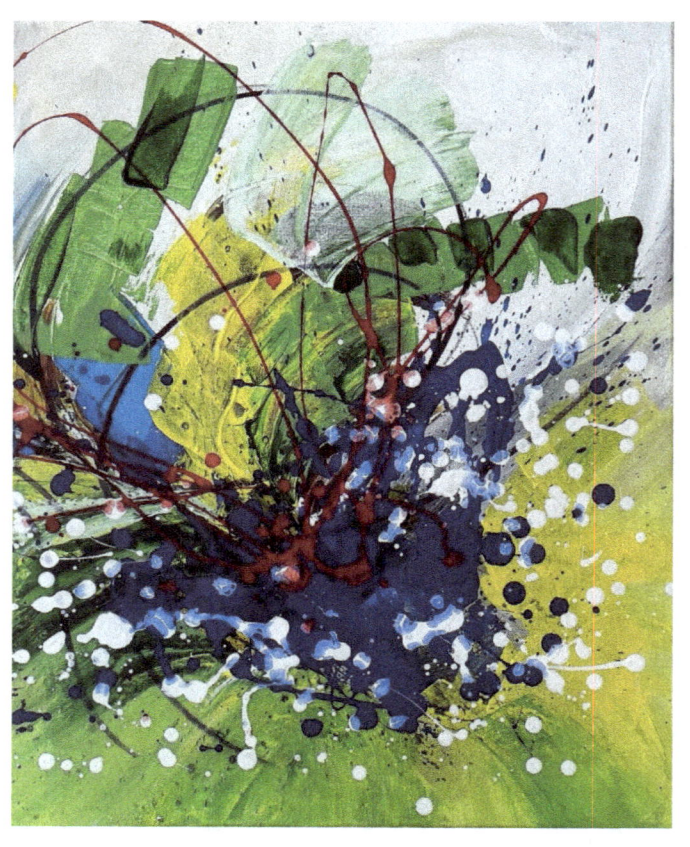

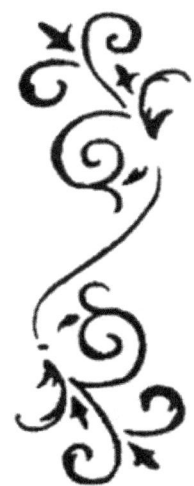

Ninguém morre de amor.

O amor é inspiração e vida.

Se algo estiver matando-o, certamente não é o amor.

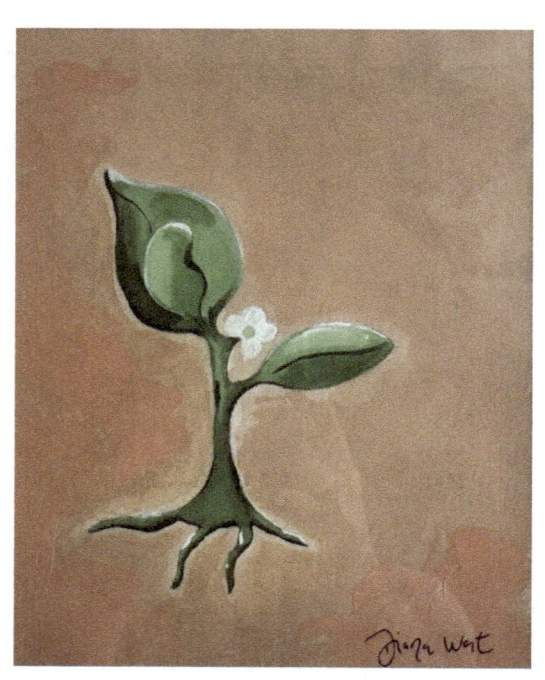

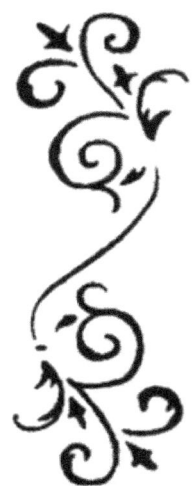

O amor verdadeiro é a beleza mais sublime da existência humana.

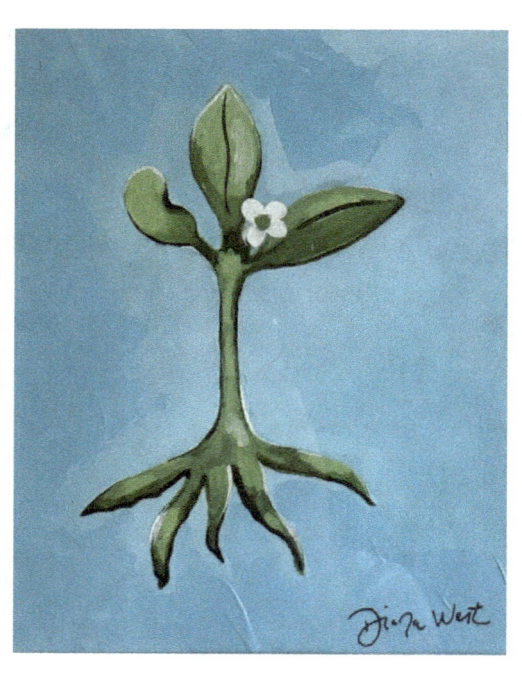

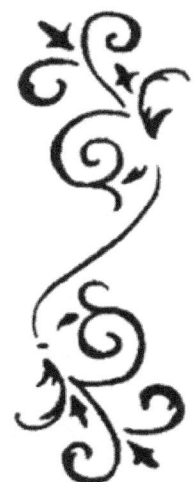

Quando encontramos nosso propósito na vida, o caminho se torna leve.

Ainda que tenhamos percalços não nos abalamos, pois temos a consciência de que nossa caminhada não é em vão.

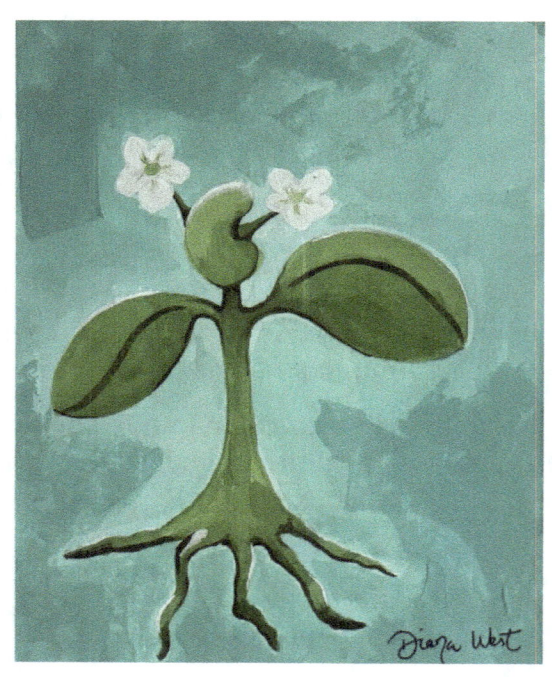

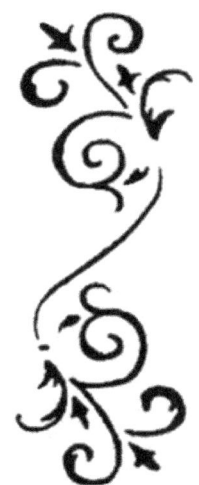

Tudo tem uma razão de acontecer.

Nada é por nada.

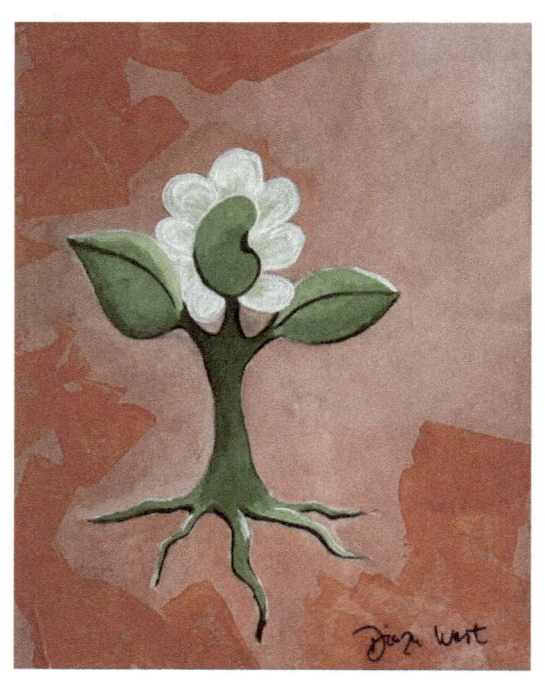

Parte II / *Part II*

Silvane Hamill & Saíra Kleinhans

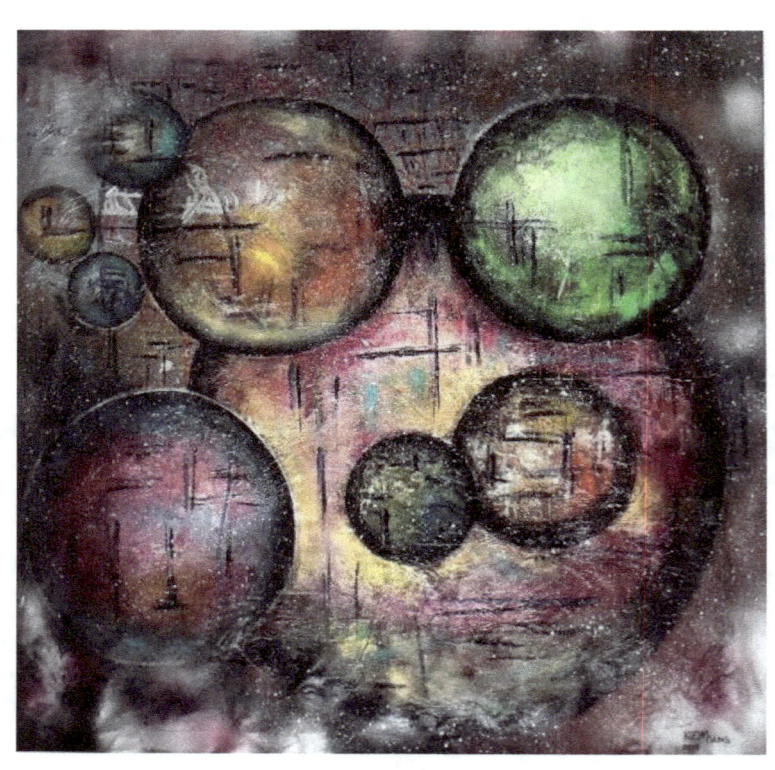

Silvane Hamill

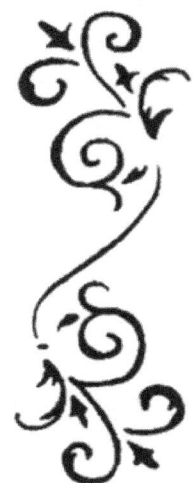

Between the pain and its awakening lies the uniqueness of each human existence.

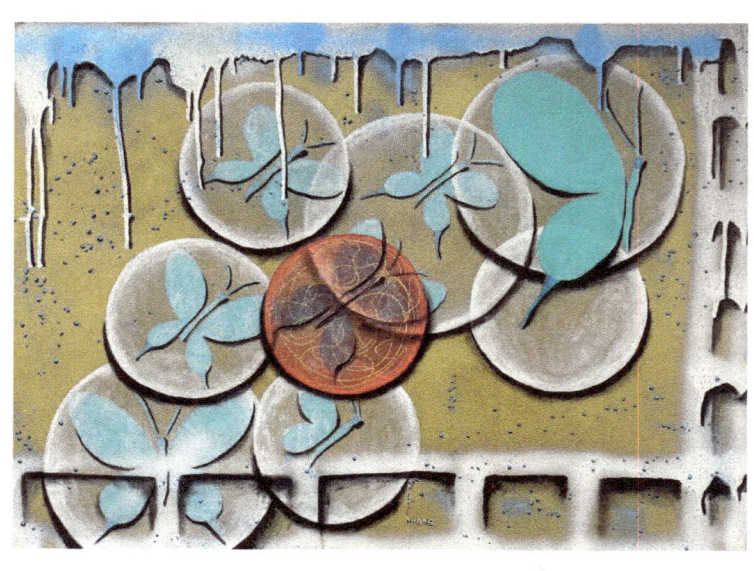

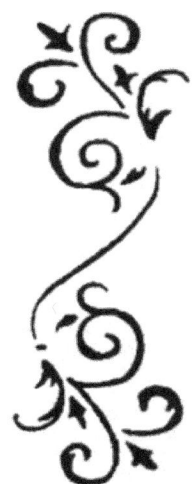

With maturity comes the realization that we are responsible for our own happiness.

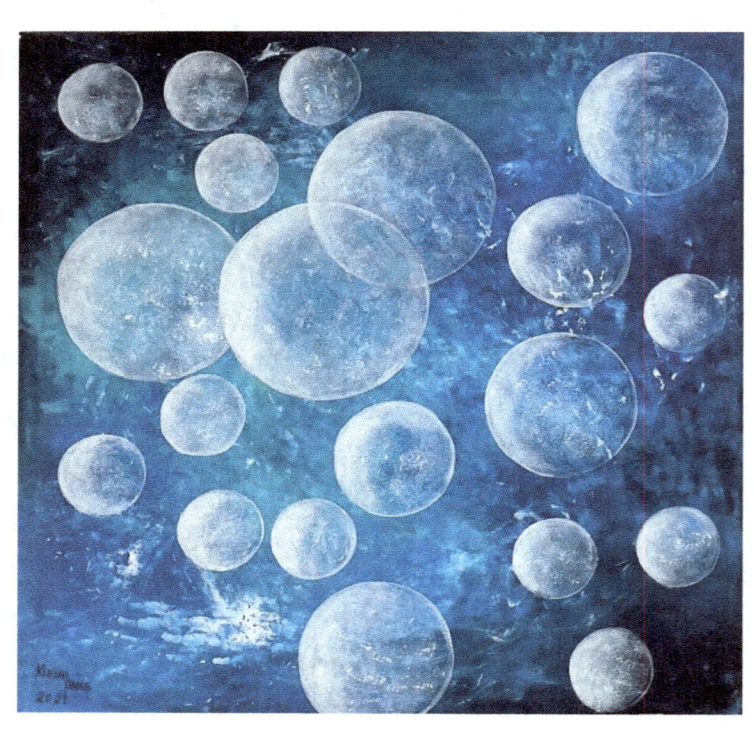

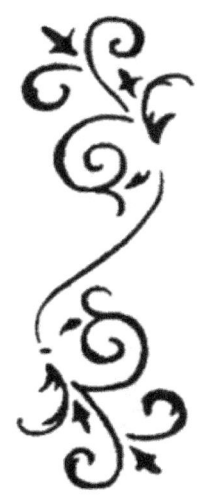

It takes true courage to look

our greatest fear in the eye.

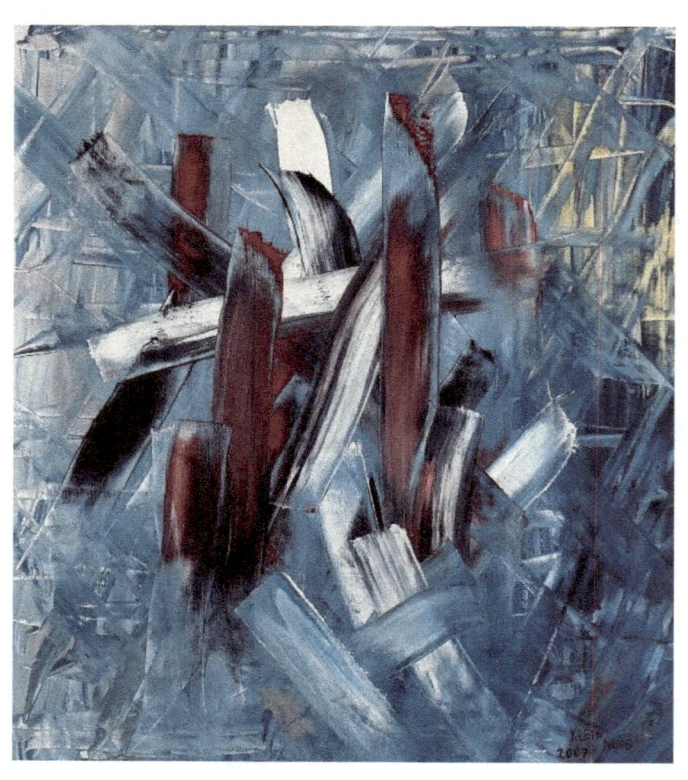

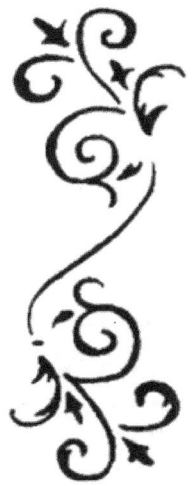

True friendship is a selfless act.

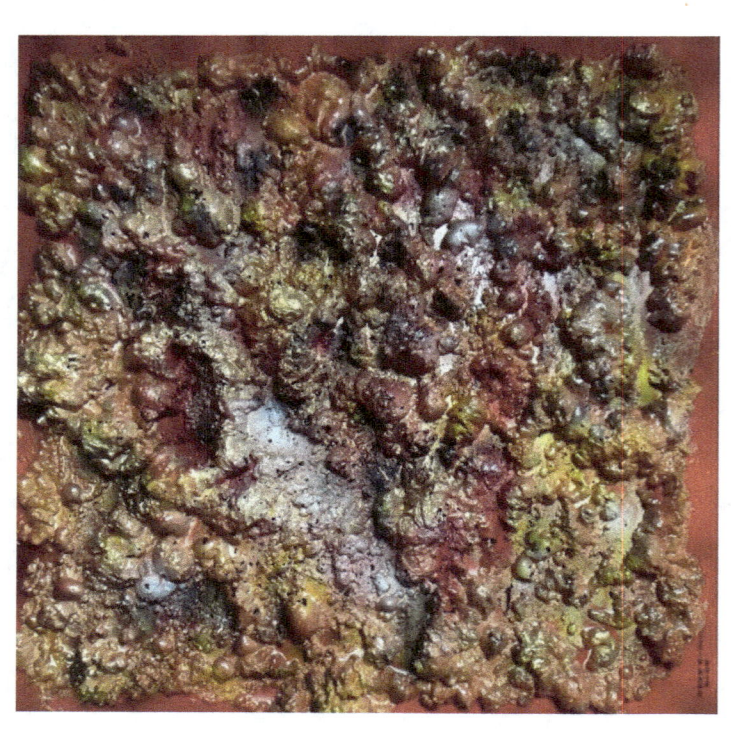

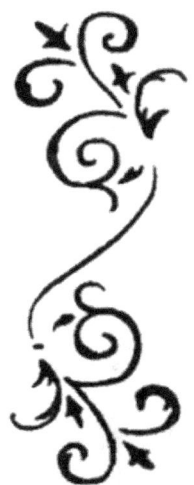

A selfish life is a lonely existence.

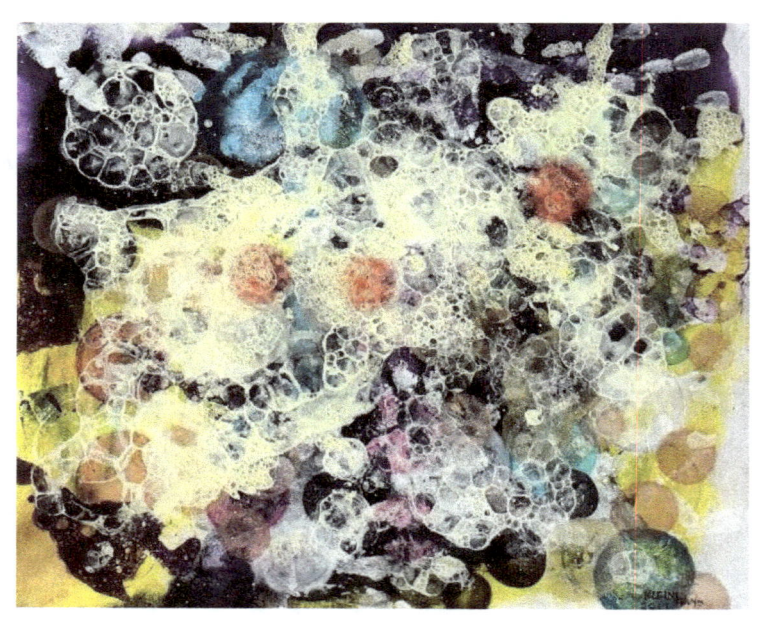

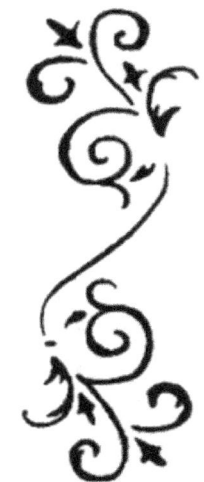

Positive vibes unify.

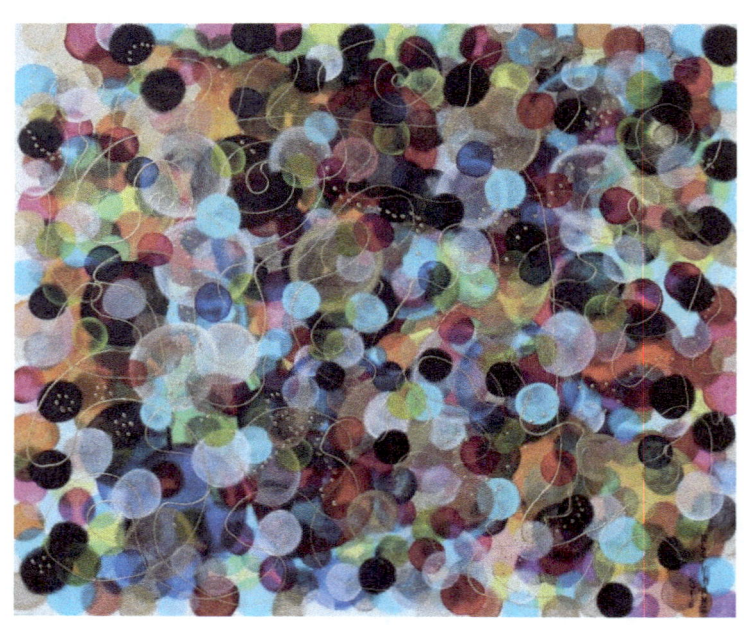

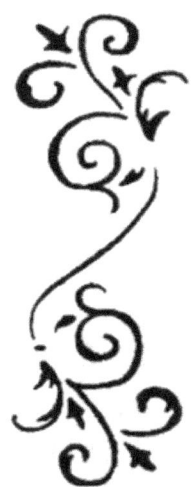

Success is not getting everything you want but, instead, being grateful for what you have.

Silvane Hamill

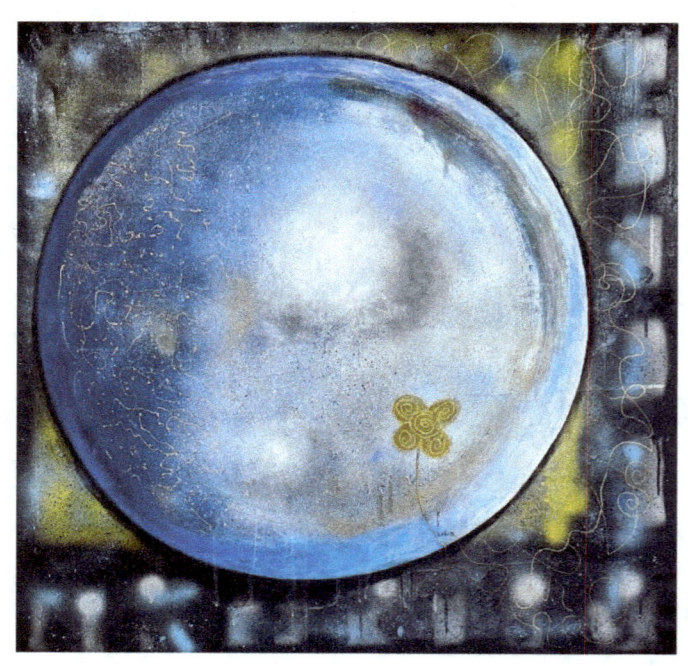

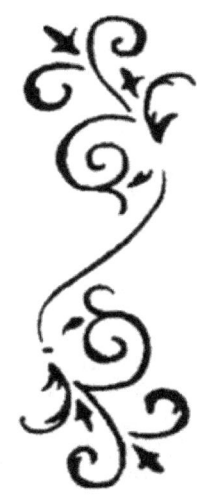

When you limit your dreams,

you limit your happiness potential.

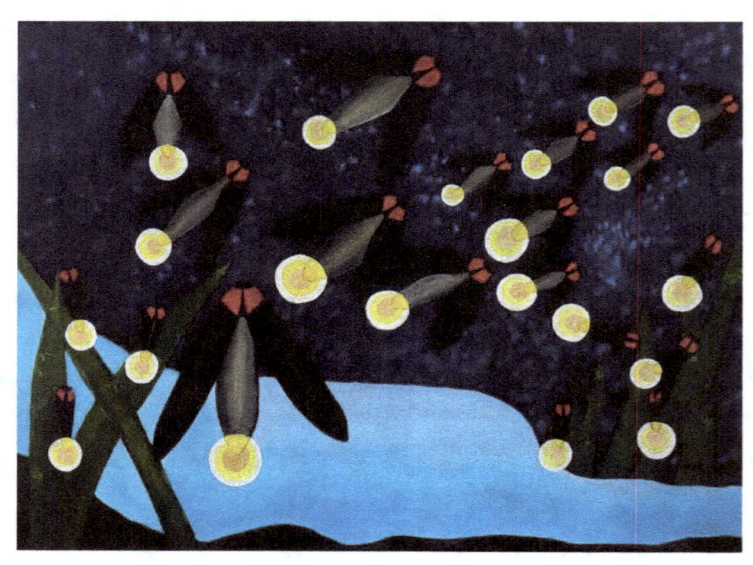

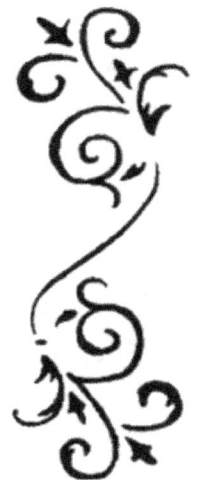

Only you control your own happiness.

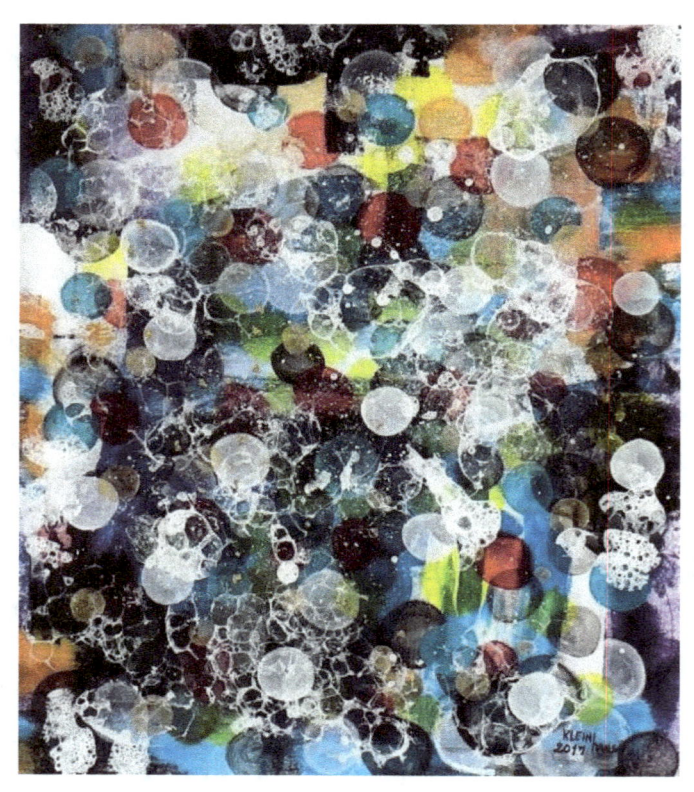

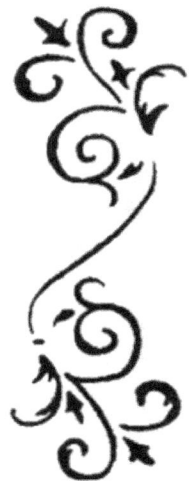

If you want the best, you must give it your best.

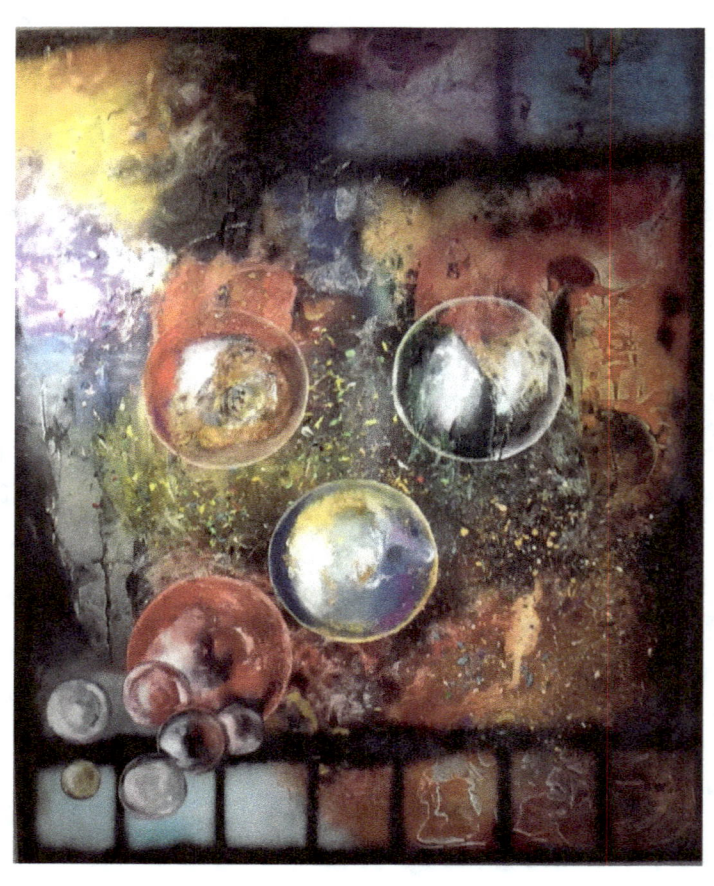

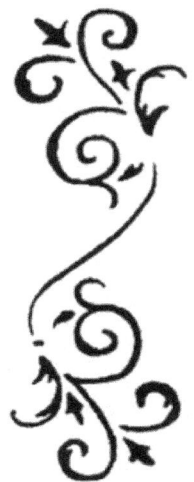

Your actions are the true reflection of your heart.

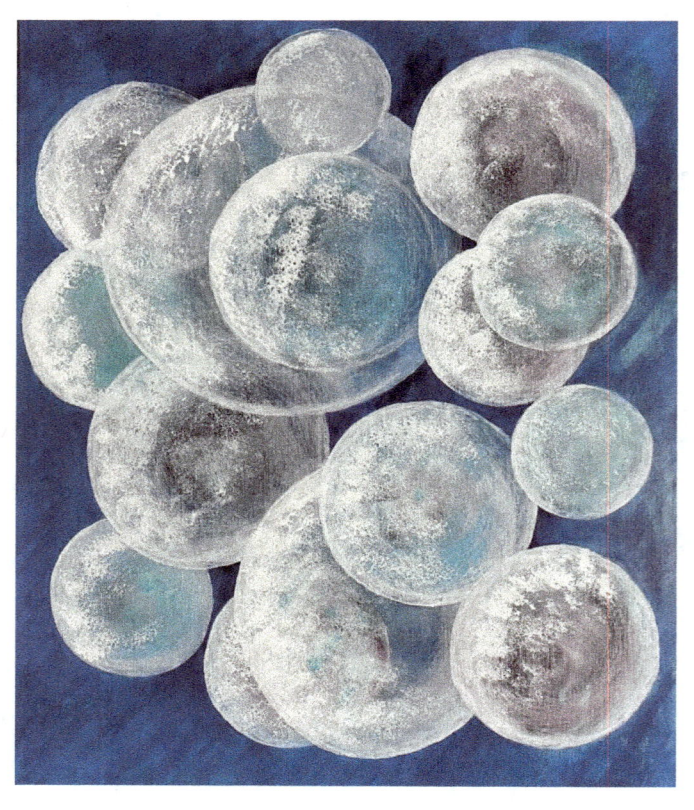

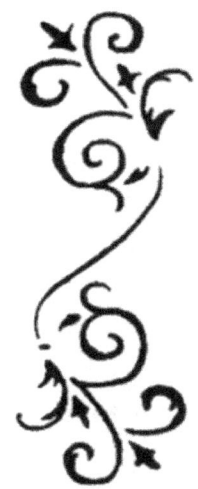

Look fear in the eye.

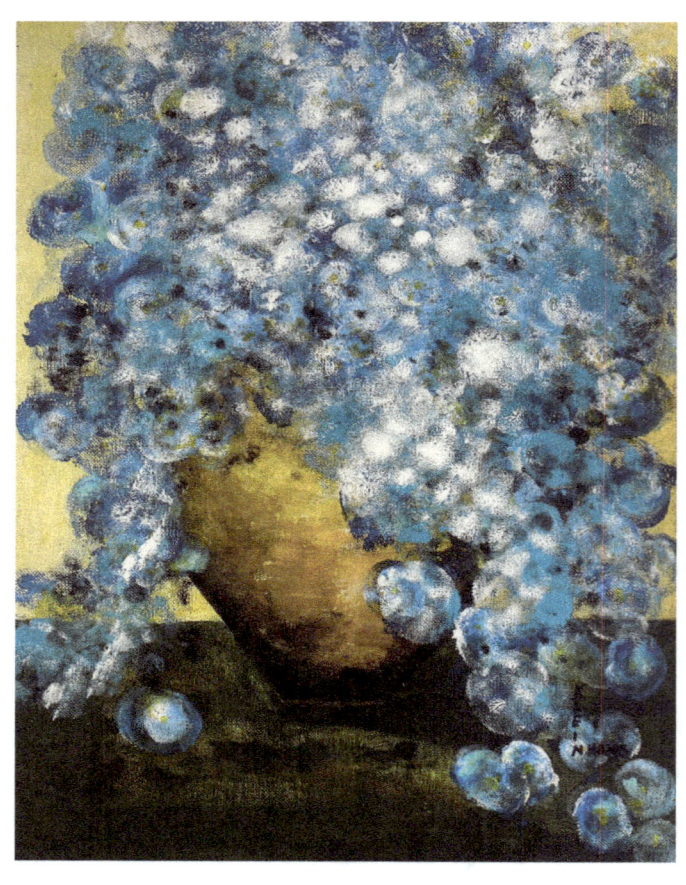

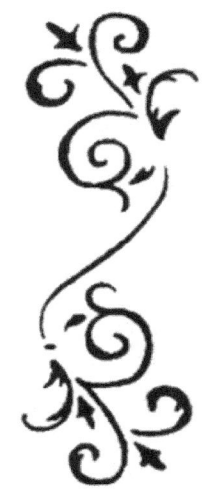

Nobody dies for love.

Love is inspiration and life.

If it's killing you, then it's not love.

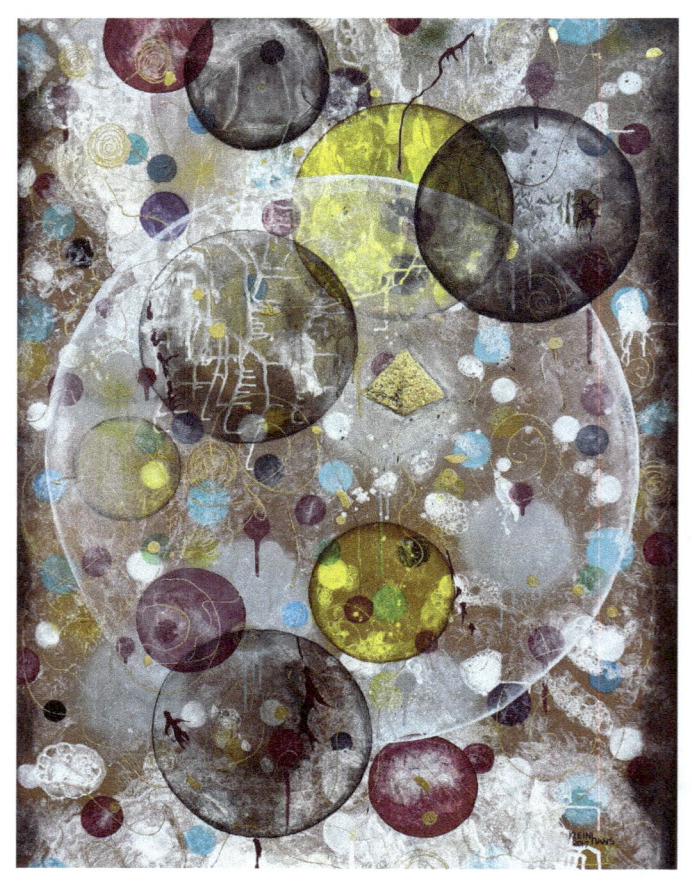

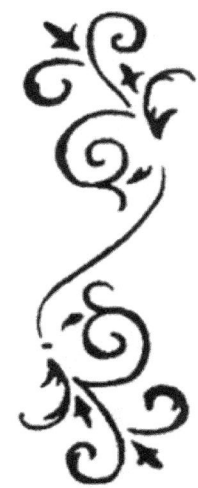

True love is the most sublime beauty

of human existence.

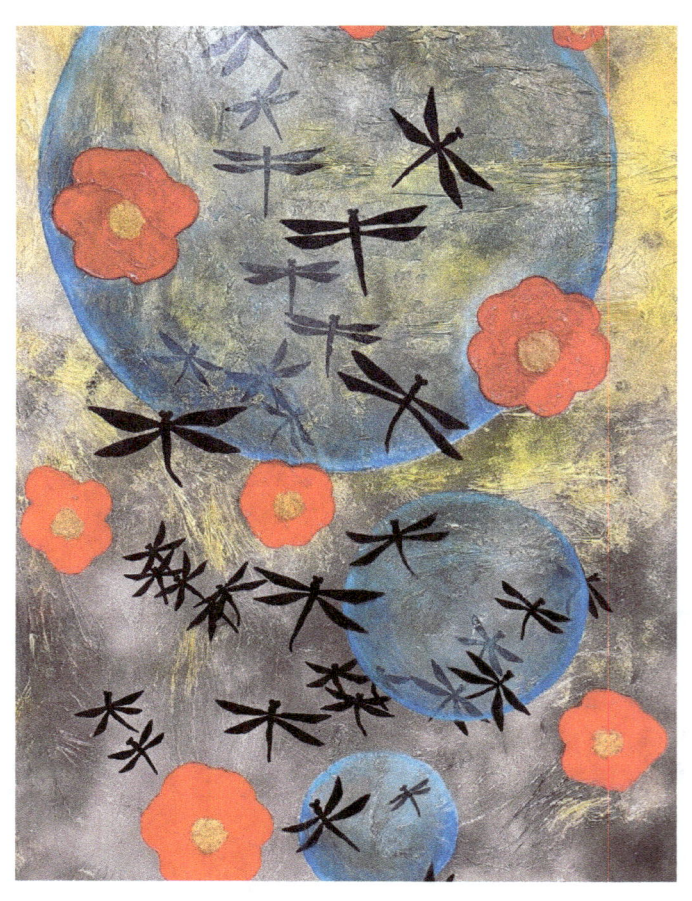

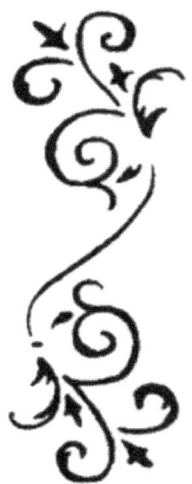

Belief in your journey means your faith remains clear even when your path does not.

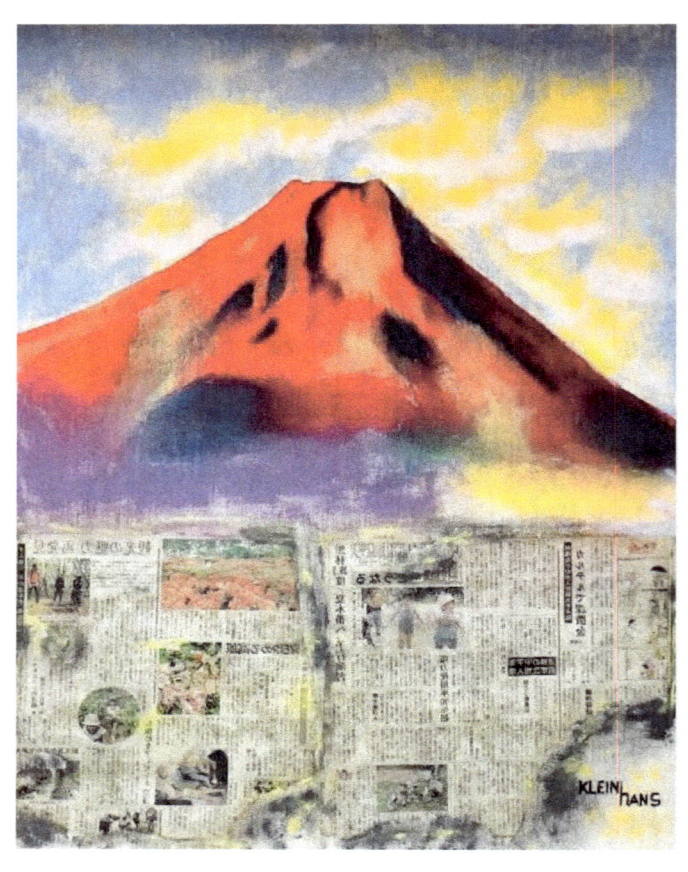

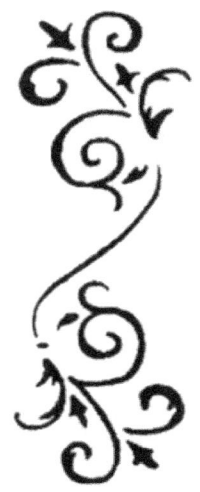

Everything happens for a reason.

Nothing is for nothing.

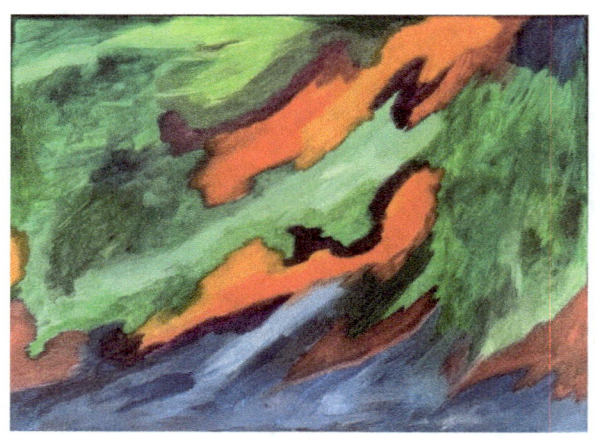

Spring – Oil in canvas by Silvane Hamill

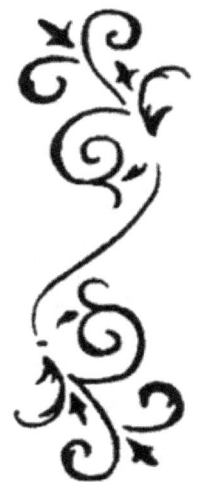

Fim
The End

Artist Diana West

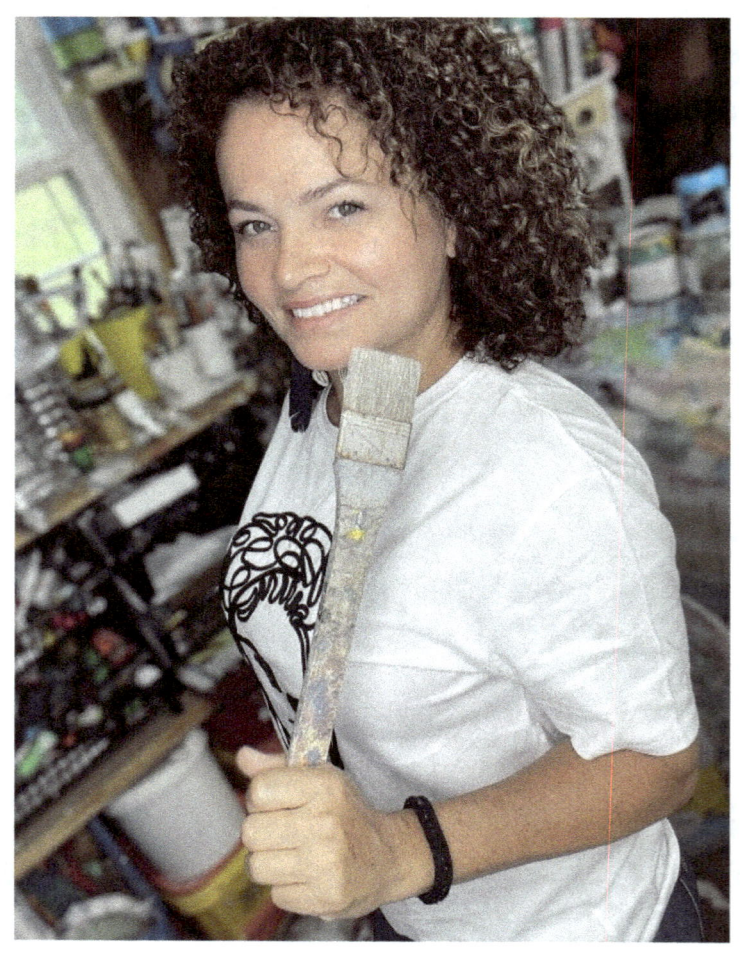

Artist Saíra Kleinhans

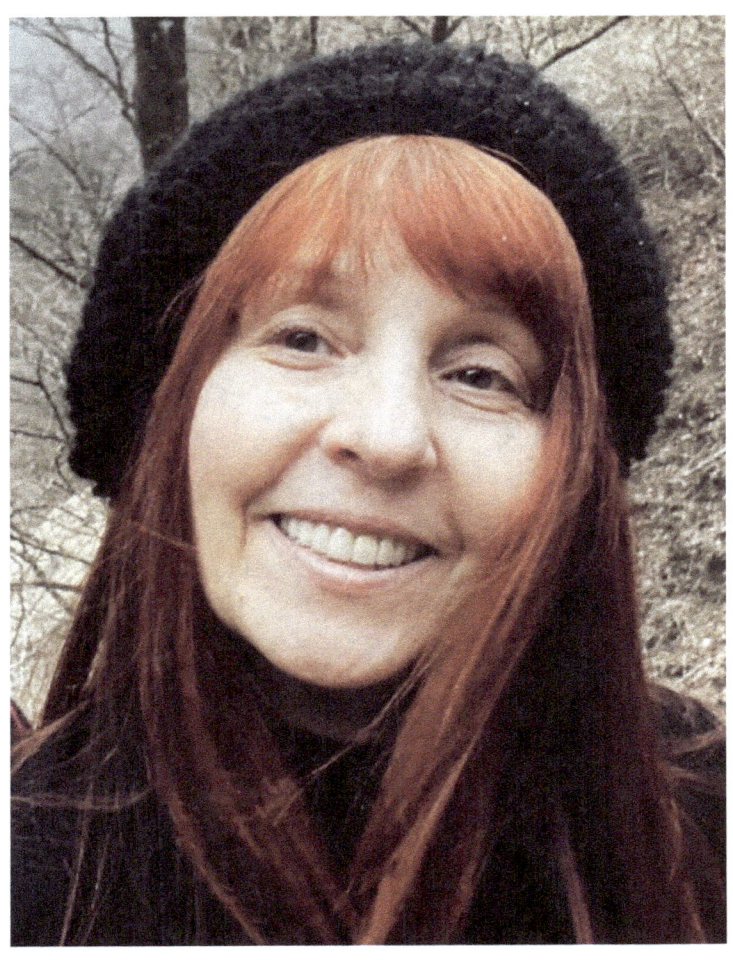

Gregory Hamill, Bob Hamill and Silvane Hamill

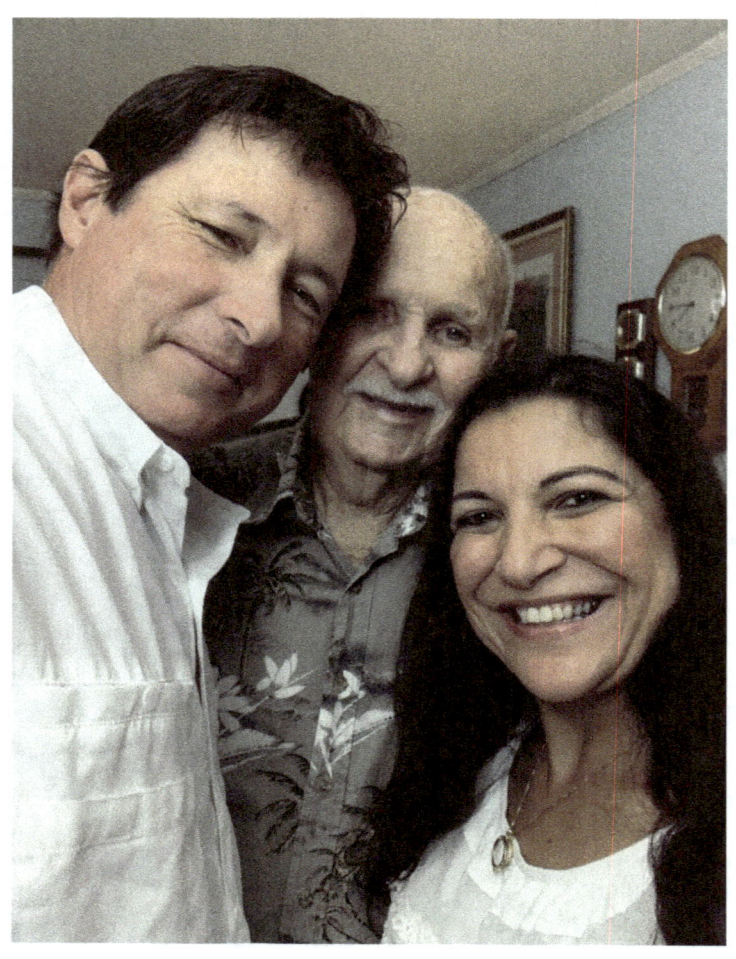

Agradecimentos / *Acknowledgment*

Agradeço a meu marido **Gregory Hamill**, pela presença e amor incondicional que possibilitam me dedicar com exclusividade à realização de meus sonhos.

Sou grata a todos os **meus amigos queridos** e familiares do meu coração, que fazem parte desta jornada e sabem o quanto os aprecio em minha vida.

Especialmente, grata às minhas **mães Iolanda e Glaci**. Como dizia minha outra mãe **Izaura** (in memoriam): sou tão única que tenho três mamães de laços sanguíneos e mais as mamães que me adotaram pela vida, como **Ana Stella, Maria de Lourdes e Ana Lourdes**. Mulheres incríveis que cuidaram de mim e me inspiraram para que eu pudesse ser uma pessoa realizada em meus sonhos e buscas.

Agradeço às queridas **artistas Diana** e **Saíra**, que me emprestaram seus talentos para colorir minhas palavras.

Meu sempre especial agradecimento a minha irmã do coração, **Marcia Costa**, que está sempre a postos para me salvar de qualquer tempestade.

I'm immensely grateful to my amazing new friends:

- ❖ *Kathleen Hart Jones & Merle Jones;*
- ❖ *Kevin Johnson;*
- ❖ *Rachael Bryson & Pete Bryson (in memoriam).*

Author's books / Livros da autora

Fragmentos de larva a borboleta – Brasil – 2007

Versos al Aire - Espanha – 2016

Descristalizar – Brasil – 2018

Resiliência em Paris - USA – 2019

Último desejo – Brasil/USA - 2019

Pryn & Dyn an Adventure in the Moon Wood – USA – 2020

Pryn & Dyn Uma Aventura no Bosque da Lua – Brasil - 2021

Rio, Dante & Arthur – Brasil/USA – 2021

2020 – USA/Brasil - 2021

Follow the author in Social media
Siga o autor nas mídias sociais
Instagram: silhamill
Facebook: Silvane Hamill Art Curator
E-mail: shamillart1@gmail.com

www.ingramcontent.com/pod-product-compliance
Lightning Source LLC
Chambersburg PA
CBHW052336220526
45472CB00001B/445